Heike Haas

Die Autorin Heike Haas lebt in Lahnstein, an den Flüssen Rhein und Lahn. Sie studierte Gartenbauwissenschaften an der Universität Hannover mit dem Abschluss Dipl.-Ing. agr; Schwerpunkt Pflanzenkunde/Botanik und Pflanzenschutz/Insekten/Entomologie. Das Thema Schmetterlinge begleitete sie auch während ihrer Ausbildung zur Berufsschullehrerin im Fachbereich Gartenbau und darüber hinaus bis heute. Sie muss leider feststellen, dass viele Insekten, darunter auch die Schmetterlinge, in ihrem Vorkommen stark gefährdet sind. - In diesem Buch stellt Heike Haas in Gedichten und eigenen Fotografien einige schöne Schmetterlinge vor. Im Eingangstext zu diesem Buch geht es um eigene Beobachtungen in den Lebensräumen der beschriebenen Schmetterlinge. Die Gedichte gliedern sich in sechs Kapitel: Entwicklung/ Tarnung/ Nahrung der Falter/ Lebensraum Ufer, Wiese, Garten/ Lebensraum Berghang/ Jahreszeiten. Eine Liste der lateinischen Namen rundet das Buch ab. Außerdem befindet sich ein Fotoverzeichnis, ein Kapitel- und Titelverzeichnis sowie ein alphabetisches Titelverzeichnis am Ende des Buches. Über die Gedichtformen der für dieses Buch ausgewählten Gedichte erfahren Sie mehr auf den Seiten 80/81.

Heike Haas

Wer bist du, schöner Schmetterling?

Gedichte

FSC
www.fsc.org
MIX
Papier aus ver-
antwortungsvollen
Quellen
Paper from
responsible sources
FSC® C105338

Titel: Der Segelfalter

Heike Haas veröffentlichte
bei Books on Demand im Jahr 2020:

- Erleben Sie die Jahreszeiten am Mittelrhein
ISBN 978-3-7504-1898-1

- Insel im Kobaldblau - Vom Abend zur Nacht
ISBN 978-3-7526-2831-9

- Die 4 Elemente des Lebens - Feuer, Wasser, Erde, Luft
ISBN 978 -3-7526-6914-5

Bibliographische Information der Deutschen
Nationalbibliothek: Die Deutsche Nationalbibliothek
verzeichnet diese Publikation in der Deutschen
Nationalbibliografie; detaillierte bibliografische Daten
sind im Internet über dnb.dnb.de abrufbar.

Herstellung und Verlag BoD -
Books on Demand, Norderstedt

ISBN 978-3-7526-2289-8

Heike Haas

Wer bist du, schöner Schmetterling?

Gedichte

Der Apollofalter

Beobachtungen in den Lebensräumen

Wenn man heute die Fotos von den schönen Schmetterlingen sieht und die Gedichte in diesem Buch liest, erscheint es einem, als öffne man eine Tür in die vergangene Zeit! Tatsächlich sind viele Arten extrem selten geworden und bedürfen dringend des Natur- und Umweltschutzes!

Die Fotografien dieses Buches stammen aus den Jahren 2011 bis 2018. Die Gedichte verfasste ich in den Jahren 2008 bis 2020, bis heute.

1. Im Westerwald:
Auf den Wiesen bei Langenhahn fand ich den Kleinen Fuchs, den Mauerfuchs, den Braunen Feuerfalter, den Dickopffalter und viele kleine Bläulinge wie den Hauhechel-Bläuling; nahe einem alten Baumbestand bei Elz fotografierte ich den Kaisermantel.

An der Fuchskaute habe ich beobachtet und viele auch fotografiert: den Braunen Waldvogel, genannt Schornsteinfeger, den Kleinen Feuerfalter, den Dickkopffalter, das Tagpfauenauge, den Kleinen Fuchs, den Großen Perlmutterfalter, das Kleine Wiesenvögelchen, den Rosaroten Flechtenbär und das Hornklee-Widderchen.

Bei Himmerod sah ich den Großen Eisvogel fliegen, dort gibt es einen See, die Baumart Espe - eine Pappelart, von der sich die Raupe ernährt.

Im Garten des Klosters Marienstatt konnte ich den Zitronenfalter sowie den Kleinen Fuchs beim Saugen an Blüten schön fotografieren.

2. An der Lahn:
Am Lahnufer unweit der Schleuse Kalkofen waren an einem heißen Sommertag zu beobachten: das Landkärtchen, der Kleine Fuchs, auch die Raupen; der Russische Bär; außerdem Libellen.

Im Schlossgarten zu Weilburg konnte ich einen prächtigen Admiral fotografieren;

bei Laurenburg in der Nähe des Lahnufers den Falter des Russischen Bären.

3. Am Rhein:
An einer Böschung nahe des Klosters Bornhofen habe ich in mehreren heißen Sommern gesehen und fotografiert: den Schwalbenschwanz, den Segelfalter, den Russischen Bären, den C-Falter und den Taubenschwanz-Schwärmer;
an anderen Orten im Rheintal den gelben Postillon, den Mondvogel, Distelfalter und Totenkopf-

Schwärmer (beide Wanderfalter) und den Wasserlinsenzünsler in stehenden Gewässern.

In <u>Brohl am Rhein</u> konnte ich den Gelbspanner beobachten, über den ich drei Gedichte geschrieben habe: *Gelbspanner; Begegnung mit dem Gelbspanner; Schmetterling im Garten.*

4. An der Mosel:
Auf der Höhenlage der <u>Stadt Cochem</u> sah ich den Segelfalter zu Gartenblumen fliegen.

In den Weinbergen bei <u>Pommern</u> beobachtete ich den Mittleren Weinschwärmer, wie er vor den Blüten stand und Nektar aus ihnen saugte.

Oberhalb des Ortes <u>Hatzenport</u> machte ich ein einziges Mal eine wunderbare Beobachtung: ich fand den seltenen Apollofalter beim Saugen an einer Distel vor. Es war ein extrem heißer Sommertag. Da der Falter saugte, ließ er sich nicht stören und ich konnte einige Fotos von ihm machen. Während des Fotografierens merkte ich, dass Wildbienen auf ihn zuschossen und ihn von seiner Nahrungsquelle abbringen wollten. Mit der bloßen Hand, in einiger Entfernung zum Apollofalter, schützte ich diesen eine Zeit lang vor diesen Angriffen!

Der Kaisermantel

1. Entwicklung der Schmetterlinge

Schmetterlingswalzer

Eins, zwei, Raupe, Blatt
Drei, vier, frisst sich satt

Fünf, sechs, Puppe ruht
Sieben, acht, Wandlung gut

Neun, zehn, Falter naht
Elf, zwölf, geht auf Fahrt

Fliegt ins Land hinaus
Saugt in Saus und Braus

Wo die Nahrung steht
Wird das Ei gelegt

Räupchen schlüpft heraus
Wächst zur Raupe aus

Wer bist du, schöner Schmetterling?

Wer bist du, schöner Schmetterling,
der du in vielen Welten lebst?

Als Raupe kriechend am grünen Blatt,
an dem du vor Verlangen bebst!

Als Puppe ruhend an ihrer statt,
indem du einen Kokon dir webst!

Als Falter wirst du von Nektar satt,
wenn du von Blüte zu Blüte schwebst!

Eigentlich bist du,
in des Lebens Sturm –
eine flatternde Larve,
ein fliegender Wurm!

Sieh, die Erde lebt

Sieh, die Erde lebt:
die Wüste färbt sich grün,
die Brise sich erhebt -
lässt Wölkchen langsam ziehn!

Sieh, die Erde lebt:
dort karge Felsen stehn,
mit Flechten fest verklebt -
Krusten, die niemals vergehn!

Sieh, die Erde lebt:
der Bach strömt leis' dahin,
Gräser am Ufer verwebt -
der Raupen Lebensbeginn!

Sieh, die Erde lebt:

die Raupe kriecht hinaus,

ein Landkärtchen kommt geschwebt -

den Wind kostet es aus!

Sieh, die Erde lebt:

Leben ist groß oder klein,

wenn das Geheimnis erbebt -

möchten Betrachter wir sein!

Metamorphose

Ein Schmetterling ist bezaubernd und schön!

Ei und dann Raupe erst mussten vergehn,
lang' ruht die Puppe zum vollen Erstehn!

Zum Falter zu werden beweist,
dass die Formen sich wandeln im Kreis!

Nachtfalter

Du quirliger kleiner Falter
stürzt abends zu uns ins Licht;
als Schmetterling, jung oder alter,
das fällt nicht so sehr ins Gewicht!

Dein Kopf ist so flaumig und wollig,
dein Körper gegliedert, in Braun;
dein Leib gut gepolstert und drollig,
die Flügel wie Messing zu schau'n!

Und aller Glanz hier auf Erden
ruht nun in dir kleinem Tier;
dass die Eier zu Raupen werden,
gesteuert im Jetzt und im Hier!

Gelbspanner

Im Rosenstrauch
Fast unsichtbar
Geschieht der kleinen Raupe Leben

Sie wird sich bald nach eigenem Brauch
Schon absehbar
Den Kokon zur Puppe weben

Die dann zum zarten Falter auch
Gewandelt war
Um im hellen Licht zu schweben

Der Rosarote Flechtenbär

Die hohe Bürste kurzgedrängt
mit langen festen schwarzen Haaren;
die Raupe ins Korsett gezwängt,
um karges Leben zu erfahren.

Die Nahrung sind Flechten an Bäumen,
dem Wesen aus Alge und Pilz –
in naturbelassenen Räumen
auf spröden Krusten, zäh wie Filz.

Nach der Verpuppung an der Rinde,
schlüpft der Falter, das Adult:
in rosarot, mit schwarzer Binde
beschließt er den Verwandlungskult

vom Larventier zum Schmetterling:
der Lebenskreislauf ist beendet!
Jetzt nach Blüten ausgesendet -
Auf! - in Lüfte dich schwing!

Das Tagpfauenauge

2. Das Prinzip der Tarnung

Der Bläuling

Aus des Duftveilchens samtigem Blau
begann sich etwas abzuheben

und durch die Lüfte zu entschweben:
ein winziger Falter – himmelblau!

Tagpfauenauge

Vier geheimnisvolle Augen
Blicken dich nun drohend an
In sattem Himmelblau
Mit dunkler Marmorierung

Und weißem Wölkchenrand
Mit tief schwarzer Pupille

Du fliehst vor der Bedrohung
Vor dem allzu starken Gegner
Der dich anzugreifen droht
In dein sicheres Haus

Dabei waren es nur die Male
Auf den Flügeln des Schmetterlings

Der Mondvogel

Der Mondvogel fliegt in der Nacht,
und nur zu Lichtquellen strebt;
der Mond hält zudem ferne Wacht,
in dessen Lichtkreis er lebt -

der Falter wie Holz ausgestaltet
scheint wie ein silberner Ast;
die Flügel sind derart gefaltet,
sie formen den Querschnitt im Bast -

als wäre das Holz abgebrochen:
die Stelle, ein gelbbraunes Rund;
der Falter kommt träge gekrochen,
zeigt sich dann kränklich und wund -

bewegt sich fast nicht von der Stelle,

auch wenn man ihn zärtlich berührt,

doch startet er dann auf die Schnelle,

wenn sein Flug in die Lüfte hin führt -

flieg' in dem weiteren Kreis

hinweg über alle Höh'n -

glänzend silbern und weiß,

goldgelb, bizarr und schön!

Mondvogel

Silbergrau

Der Falter

Mit goldenem Fleck

Er fliegt zum Licht

Mondvogel

Mimese

Der Mondvogel fliegt
Angelockt vom Lichterschein
In die Nacht hinaus

Sein heller Fleck am Flügel
Leuchtet golden wie der Mond

Sind die Flügel angelegt
Wird der Falter zum Stück Holz

Der Mondvogel ruht
Ungesehen von Feinden
Wie ein grauer Ast

Der Totenkopf-Schwärmer

Spätabends auf der Terrasse
saßen wir noch bei hellem Licht,
da flog mit reißendem Flügelschlag
ein Falter uns fast ins Gesicht!

Du riesengroßer Schmetterling
mit schwarzgelb gefärbtem Leib
und Flügeln braungelb marmoriert:
flieg noch nicht weiter, vorerst bleib!

Lass schauen, wie dein Körper gemeint:
das ovale Mal auf dem Rücken
uns wie ein Totenkopf erscheint,
den wir mit Schaudern erblicken!

Du bist ein Totenkopf-Schwärmer,
Wanderfalter aus Afrika,
flogst weit über die Alpen hierher
ins warme Rheintal, und bist jetzt da!

In Bienenstöcke dringst du ein,
den Honig aus den Waben saugst;
bist durch eine Wunderwaffe geschützt,
zum Bestäuben aber nicht taugst!

Der Zirpton nämlich tarnt dich perfekt,
durch das Pumpen von Luft dieser schallt,
den Widerstand der Bienen nicht weckt;
dann lässt sie dein Erscheinen kalt!

Der ausgestoßene piepsende Laut,
er ähnelt der Bienen Weiselgesang:
diesem Tierstamm ist er vertraut,
ihrer neuen Königinnen Klang!

Verlasse uns jetzt, flieg zur Heimat zurück,
sonst wird deine Entwicklung gestört;
Ei, Raupe und Puppe zum Beutestück,
alles wird bald durch den Frost zerstört!

Der Kleine Feuerfalter

3. Nahrung der Falter

Welch' Süße erfüllt

Welch' Süße erfüllt

Eine blühende Wiese

Nektar für Falter

Blumensüße

Süße, die quillt
Tief aus der Blüte

Nektar erfüllt
Da dieser ernährt

Was lange Zeit währt
Den Falter voll Güte

Der Braune Feuerfalter

Dunkelbrauner Feuerfalter,
der du sagst am Blütendost,
findest hier im Jugendalter
reichlich Nektar und auch Trost -

süßer kleiner Feuerfalter,
lass' mich deine Flügel schau'n:
Punkte drauf in jedem Alter,
unterseits in hellem Braun -

schokoladenfarben oben,
silberhell der Glitzerrand;
mit dem lila Schimmer droben
als ein Bläuling wohlbekannt -

deine Tage, Feuerfalter

gehn im Fluge nun dahin;

sei du deiner Art Erhalter,

deinem Leben gibst du Sinn -

dunkelbrauner Feuerfalter,

wenn du schwebst im Sonnenschein

unbeschwert und ohne Alter -

wirst mit dir in Frieden sein!

Für die Falter

Blumen

Einer Wiese

Farbig und schön

Mit reinem Nektar gefüllt

Nahrung

Falter an der Gundelrebe

Ich sah ihn aus den Lüften sinken
und schwanken auf der Wiese Grün;
er wollt' als Falter Nektar trinken,
die Gundelrebe war am Blühn!

Lippen in Blau sich öffneten weit,
schenkten dem Schmetterling süßesten Trank;
er saugte voll Lust und voll Herrlichkeit,
gab an die Pflanze den innigsten Dank!

Taubenschwänzchen

Taubenschwänzchen, du lieblicher Gast,
sei du in unseren Gärten daheim!
Schwärme hinaus, ohne Eile und Hast
am Tage, in leuchtendem Sonnenschein!

Finde dich aufrecht vor'm Blütenkelch ein,
spüre den herbsüßen Nektartrank,
tauche hier tiefer den Rüssel hinein -
für dein bezauberndes Wesen hab' Dank!

Der Wasserlinsenzünsler

Kleine weiße Falter schweben
sachte taumelnd über'n Teich;
dunkelgraue Larven leben
in dem grünen Pflanzenreich!

Wasserlinsen bilden Köcher,
dem die Raupe angehört;
wegen luftgefüllter Löcher
schwimmt sie oben ungestört!

Aus Jahrtausenden Erfahrung
schaffen Zünsler sich als Trutz:
Wasserlinsen sind die Nahrung,
Wasserlinsen auch ihr Schutz!

Der Admiral

Ein dunkler Falter
In schwarz, rot und weiß
Umfliegt die Pflaumen

Auf dem Erdboden
Saugt er ihren Saft
Mit seinem Rüssel

Klappt die Flügel um
Sind schachbrettartig
Auf samtigem Grund

Der Dickkopffalter

Im Knäuelgras sitzt sie,
die grünliche Raupe;
beißt Stücke der Gräser
als Nahrung sich ab!

Die Larve verpuppt sich
an schützenden Halmen;
daraus schlüpft erwachsen
der Falter vorab!

Er saugt an den Blüten
von Möhre und Dost:
daraus zieht er süßlichen
Nektar und Trost!

Hellocker die Färbung,
die Flügel gestellt:
dies ist wohl der netteste
Falter der Welt!

Der Russische Bär

4. Schmetterlinge an Ufern, in Wiesen und Gärten

Am Ufer der Lahn

Die Lahn, ein lieblicher kleiner Fluss,
vom Balsaminenkraut umstanden;
dunkelrosa Blumen verbanden
beide Seiten mit hauchzartem Kuss!

Schön, aber heiß war der Hochsommertag,
das Wandern am Ufersteg fast beschwerlich;
der Flusslauf, er zeigte uns herrlich,
was in und am Wasser zu leben vermag!

Am Baldrian prangte der Russische Bär,
ein Schmetterlingsfalter in Schwarz und in Rot;
ein Landkärtchen sog, was die Distel gebot;
frei sauste die Prachtlibelle umher!

Auf dem Wasser sich spiegelten Wölkchen,
von unten schnellte ein Fischlein empor,
und landete klatschend ein Stück davor;
darüber gaukelnd der Mücken Völkchen!

Wenn der Tag sich zum Abend neigt,
die Bäume am Uferrand leise rauschen:
lasst uns achtsam nach innen lauschen,
welches Geheimnis der Fluss uns zeigt!

Der Große Perlmutterfalter

Auf Wiesen im Hohen Westerwald,
dort wo im Frühling die Duftveilchen blühn,
der Winter voll' Schnee, und der Wind fegt eiskalt,
da werden im Hochsommer Blüten erglühn!

An Distel, an Greiskraut, an Wicke und Klee
der prächtige Falter zum Saugen erscheint
in Hellbraun und Silber - komm' nur und seh',
wie köstlich er sich mit der Blume vereint!

Der Große Eisvogel

In weiten Schwüngen auf und nieder
vom Tümpel kommt er hergeflogen;
und startet nach dem Trinken wieder,
ist in den Wald hineingezogen!

Weißes Band auf samtschwarzem Grund,
im Fluge blitzt leuchtendes Ziegelrot auf;
der Eisvogel tut durch die Wirtspflanze kund,
wovon er denn lebt, was den Körper baut auf!

In Wipfeln der Bäume, da ist er zu Haus,
die Raupe von Espen allein sich ernährt;
er hält es allein auf der Pappelart aus:
wichtig für ihn, überlebenswert!

Er ist ein Bewohner im Espenbestand
und liebt die umgebende feuchtkühle Luft;
nah einem See, eines Waldteiches Rand,
da findet er Heimat, da liegt seine Kluft!

Begegnung mit dem Gelbspanner

Wie ein leuchtend gelbes Schild
sitzt der Falter auf meiner Hand:
ich seh' sein Imago, sein Bild,
als das der Schmetterling wird erkannt!

Die Flügel von hauchzartem Segelstoff,
am Rande braun gezackt und schroff;
das Leben am Boden ist nun gebannt,
denn zum Abflug ist das Segel gespannt!

Da klappt er die Hinterflügel heraus,
gaukelt mit allen vier Flügeln hinaus
über bunte Blumen und Wiesenlüfte
im Auf und Ab der strömenden Düfte!

Das Taubenschwänzchen

Taubenschwänzchen, Taubenschwänzchen
wagt im Zickezack ein Tänzchen:
schwebt zur Blüte einmal quer,
oben, unten, hin und her!

Von trockener Hitze angefeuert,
wenn Blumen öffnen sich genug –
es ist ein Schmetterling, der steuert
mit seinem Fächerschwanz den Flug!

Es bleibt vor einer Blüte stehn,
kann dabei in den Lüften reiten
und nektarsaugend in sie gehn;
dann fliegt es schon zu einer zweiten!

Taubenschwänzchen, Taubenschwänzchen
wagt im Zickezack ein Tänzchen:
schwebt zur Blüte einmal quer,
oben, unten, hin und her!

Kleines Wiesenvögelchen

Ein Schmetterling bist du
und kamst mir sehr nah;
du saßest im Grase
ganz liebreizend da!

Vöglein der Wiesen
in Rotbraun und Grau:
dein Himmel, er zeigt dir
das Grün und das Blau!

Distelfalter

Vom Süden her kommst du, geflügelter Gast,
hellroter Falter mit weißlichen Flecken;
über die Alpen, da fliegst du voll Hast
zu unseren Böschungen, Gärten und Hecken!

In hohem gaukelndem Zickzackflug
suchst du die passenden Blüten dir aus,
und hast du vom Saugen noch lang' nicht genug,
dann flieg' zu den Ackerdisteln hinaus!

Oft sehe ich dich in den Lüften stehn,
bezauberst durch Form und durch Farben;
hoffentlich werd' ich es oft noch sehn,
wie du an dich an Nektar wirst laben!

Schmetterling im Garten

Schwefelgelber Schmetterling -
kamst in den Garten geflattert;

stiegst auf meinen Finger, Liebling,
ließest dich lange anschauen;

merktest, du könntest mir trauen,
warst auch kein bisschen verdattert!

Abenddämmerung

Glatt liegt der Spiegel des Teichs,
Seerosenknospen fast zu;
eifrig der Taubenschwanz saugt
an dem Phlox hurtig, im Nu!

Der Wasserläufer still jagt,
fängt bald sein Beutetier ein;
Fische, sie treiben dahin,
jeder für sich ganz allein!

Schatten der Bäume sich spiegeln,
grau stellt der Himmel sich dar;
Ruhe erfasst die Geschöpfe:
Dunkelheit mehrt sich, kommt nah!

Apollo an der Mosel

5. Schmetterlinge an den Berghängen von Rhein und Mosel

Frühling in schroffen Felsen

Glänzend schwarze Schieferplatten
Graue Felsen mit weißem Flechtenbelag
Zerklüftet in den steilen Höhen
Von Gesträuch und Kraut überwuchert

Die dunkelgrün glänzenden Lianen
Mit dicken gewundenen Stämmen
Wandern die Hänge hinauf
Durch ihre Efeublätter diese beschattend

Das rotbraune Eichenlaub hängt noch fest
Dürre nackte Baumäste stehn zerzaust
In grauen und in braunschwarzen Tönen
Einfarbig und dunkel, ohne Farbenspiel

Rau ist noch die Luft
Selten die wärmende Sonne
Verwaschen grau das unbelaubte Holz
Der eingewachsenen Bäume und Sträucher

Nur die von Blütenstaub gelben Kätzchen
Der vereinzelt stehenden Haselnusssträucher
Setzen hier und da verstreut
Farbige Akzente in den Hang

An den unteren Böschungen
Verwandelt sich Grün in Gelb
Die üppigen Blüten der heimischen Nieswurze
In ein helles leuchtendes Zitronengelb

Das Leben steht jetzt in den Startlöchern
Die Rheinberge wirken mächtig
In Erwartung des Frühlings
Mit seinen wunderbaren Ereignissen

Die Süßkirschenblüte überall auf den Hängen
Der strahlende Goldlack auf den Felsen
Berührender Nachtigallengesang
Und der Flug des seltenen Segelfalters

Der Segelfalter

Flog hoch im Wind und kam darnieder
zur Böschung hin und saugte wieder
an Distelblüten lilarot,
wie sein Geschmack es ihm gebot!

Ein heller gelber Ritterfalter,
wie jung er scheint, gewiss kein alter;
der große Schmetterling hier kreist,
den warmen Standort er verheißt!

An Rhein und Mosel kommt er vor,
geringer als es war zuvor;
jetzt wird es ihm besonders nützen,
wenn wir den Lebensraum ihm schützen!

Fliegen mit dem Wind

Sieh, wie gold'ne Schmetterlinge
gaukelnd durch die Lüfte fliegen -
als würd'st du auf der Adlerschwinge,
in weite Fluren schauend, liegen!

Du flögst umher durch Berg und Tal
zu fernen Böschungen und Rainen;
fühl'st dich zuhause überall,
möchtest mit der Welt dich einen!

Wenn du würd'st auf der Adlerschwinge,
in weite Fluren schauend, liegen -
fühl'st dich wie gold'ne Schmetterlinge,
die gaukelnd durch die Lüfte fliegen!

Schönheit

Wie ein Kirchenfenster aus Glas
leuchtet der Schwalbenschwanzfalter im Gras!

Ein Mosaik aus schwarzblauem Gitter,
flächig mit goldenem Farbton gefüllt,
schimmert im Lichtschein wie glänzender Glitter,
von einem samtigen Rauchblau umhüllt!

Wunderbar an diesem Falter zu sehn:
er stellt seine Flügel ins glitzernde Licht;
die Schönheit vor meinem Angesicht -
dieser Moment dürfte niemals vergehn!

Der Schwalbenschwanz

In hellem Gelb blitzt er im Sonnenlicht,
von einem feinen braunen Saum umgeben;
die Fühler beben vor Zuversicht,
und leis' beginnt der Falter zu schweben!

Der wunderbar farbige Schwalbenschwanz
erfüllt nun die Lüfte mit gaukelndem Tanz;
hurtig taumelt er auf und nieder,
lässt sich zum Saugen auf Blüten nieder!

Mit jähem Blick habe ich es erhascht,
wie er an der Gundelrebe genascht:
in solch einzigartigem Augenblick
empfinde ich tief in mir wahres Glück!

Die Schöpfung hat Vielfalt und Lebenssinn,
und ich bin ein Teil von ihr, mittendrin!

Der Apollofalter

Der Falter leuchtend weiß
Apollo wird genannt:
saugt an der Distel leis',
umhüllt von meiner Hand!

Dies wundervolle Wesen
mit Punkten rot bemalt,
von Seide fein, erlesen,
in purem Gold erstrahlt!

Apollofalter an der Mosel

Der Sommertag war heiß,
die Moselberge brannten;
im Falter strahlend weiß
Apollo wir erkannten!

Ein wunderschönes Tier
mit Adern goldenhell;
und seine Punktezier
war leuchtend rot und grell!

Zur Distel hin er flog,
die nektarangefüllt,
und dann zur nächsten zog,
den Hunger ungestillt!

Als Moselberge brannten
am Sommertag so heiß -
Apollo wir erkannten
im Falter strahlend weiß!

Apollo an den Moselhängen

Apollo, schöner Schmetterling
harrst an den Hängen, fest gebannt!

Mit goldenen Flügeln, zartes Ding,
fliegst du in heißes Felsenland!

Mosel-Apollo

Ist der Hochsommer heiß
und die Trauben noch grün,
wehen Süßgräser weiß
und die Disteln erglühn –

dieses Korbblütlers Röhren
sind geöffnet zum Grund,
und des Falters Begehren
trifft sie: lila und rund –

wenn Apollo sie anfliegt,
diese Blüte blaurot,
er sich dicht an sie anschmiegt
da sie Nektar ihm bot –

dann verleibt diese Speise
er genüsslich sich ein,
und er trollt sich dann leise
mit den Flügeln hauchfein!

Der Zitronenfalter

6. Schmetterlinge zu den Jahreszeiten

Zitronenfalter

Zitronengelb

Der Falter

Trotzt der Kälte

Durch Zuckerstoffe im Blut

Kältekünstler

Vorfrühling

Höher fährt der Sonnenwagen
auf der Himmelsbahn dahin;
milde Lüfte Wärme tragen:
Primel blüht, erfüllt den Sinn!

Manche Schöpfung lag im Dunkeln,
die sich jetzt erhellend zeigt:
des Zitronenfalters Funkeln,
der sich zu der Blüte neigt!

Der Kleine Fuchs

Er gaukelt in riesigen Kreisen umher
und landet dann sacht' auf dem taufrischen Gras;
verzehrt einen Tropfen vom köstlichen Nass,
versucht zu erspür'n, wo die Sonne kommt her!

Die Flügel nun richtet er vollständig aus
zu prickelnden Strahlen, sucht Wärme und Licht;
er wandert ein wenig nach vorne voraus,
die Flügel, die schwenkt er - leicht, ohne Gewicht!

Und zeigt seine wunderbar farbige Pracht
wie Glasmosaike in Gelb und in Blau;
auch hat er uns rotbraune Farben gebracht
und weißliche Punkte am Flügelrand grau!

Doch mittendrin zeigt sich der Körper, der lebt,

von hellbraunen Haaren vollständig geschützt,

in einem Pelzkleid, das dicht ist gewebt,

auch gegen die Kälte hat es schon genützt!

Schmetterling, bleib' noch ein wenig bei mir

und folge mir nach zu dem leuchtenden Rain,

denn Tausende duftender Blüten sind hier,

sie alle nun warten, besucht wollen sein!

Ein kleiner Falter

Ein kleiner Falter strebt zum Licht –
die Flügel hart nach Drachen Art:

doch dieses schmale Leichtgewicht
fliegt nächtlich filigran und zart!

Der Postillon im Herbst

Du kleiner gelber Schmetterling
fliegst langsam die Böschung hinunter:
auf zu den rosa Blüten dich schwing',
sauge dich satt an dem Nektar, putzmunter!

Die Herbstsonne dich nun kaum noch wärmt;
farbige Blumen am Wiesenrain
sind noch am Leben, doch nicht verhärmt,
sie bergen Nektar, herb-süß und fein!

Falter, tu' alles, was dir jetzt noch nützt:
besuche den rein gelben Hornklee im Gras,
an dem auch die frühere Raupe schon saß;
hoffe, dass dich nun dein Winterkleid schützt!

Das rotbraune Herbstblatt

An diesem Tag mit Wind und auch Staub
ein rotbraunes Blatt kam heran geweht
auf das noch grüne Hortensienlaub -
bald hatte es sich auf die Seite gedreht!

Und als es sich auf und nieder bewegt,
scheint es dabei vor Kälte zu zittern;
jetzt seh' ich es erst: ein Falter, der lebt,
und immer noch hier, um Blüten zu wittern!

Kleiner Fuchs, ein gar lieblicher Fund:
der vorderen Flügel gestreiftes Band;
Schwarz und Gelb auf braunrotem Grund,
rundherum schmückt dich ein blauer Rand!

Saug' an den Disteln ein letztes Mal,
von denen du nahrhaften Nektar trinkst;
du hast an Blumen noch die Wahl,
bevor du in Winterruhe versinkst!

Später Falter

Noch immer steht fahlgelb das Hechtskraut
im Teich - von olivgrünen Binsen umragt;
Blumen, sie sind nun zerfallen, ergraut,
ihnen blieb Lebenskraft lang' schon versagt!

Da kommst du, großer rotbrauner Falter
von den Gebüschen geflattert zum Teich:
Schmetterling, lebend im Jugendalter,
schwingst dich weit auf in das Gartenreich!

Bei mildem Wetter vor kurzem geschlüpft,
suchst du vergebens die Nektarfülle;
Blüten, die sonst mit der Nahrung verknüpft,
erscheinen dir jetzt als vertrocknete Hülle!

Wenn bald der Winter mit Frost zieht ins Land,
kannst du, Schmetterling, dem nicht entweichen;
schlafen du wirst, von Kälte gebannt -
und träumen von Blütenpracht ohnegleichen!

Novemberflüge

Eine einzige Königslibelle
flog weit über den herbstlichen Teich!

In einer fast ebenso hohen Welle
durchstreifte ein Falter das Gartenreich!

Die Mücken taumeln und tanzen nicht mehr,
einst bunte Blüten stehn jetzt öd und leer!

Einsame Wesen, der Zeit hintennach -
ihr seid in der Welt, auf der Suche wonach?

Wintergedanken

Wo magst du, gold'ner Segelfalter,
in eisigkalten Nächten sein?

Wo kehrst du, blaue Glockenblume
zur Winterzeit, dich schützend, ein?

Ein Wunder ist es, dass ihr beide
im frühen Sommer aufersteht,
und auf der frischen Blumenweide
der Falter zu der Blüte geht!

Liste der lateinischen Gattungs- und Artnamen der

in diesem Buch vorkommenden Schmetterlinge

Admiral	Vanessa stalanta
Apollofalter	Parnassius apollo
Bär, Russischer	Euplagia quadripunctaria
Bläuling, Hauhechel-	Polyommatus icarus
C-Falter	Polygonia c-album
Dickkopffalter, Braunkolbiger	Thymelicus sylvestris
Distelfalter	Vanessa cardui
Eisvogel, Großer	Liminitis populi
Feuerfalter, Brauner	Lycaena tityrus
Feuerfalter, Kleiner	Lycaena phleas
Flechtenbär, Rosaroter	Miltochrista miniata
Fuchs, Kleiner	Vanessa urticae
Gelbspanner	Opistograptis luteolata
Kaisermantel	Argynnis paphia
Landkärtchen	Araschnia levana
Mauerfuchs	Lasiommata megera

Mondvogel	Phalera bucephala
Perlmutterfalter, Großer	Argynnis aglaja
Postillon	Colias croceus
Schachbrettfalter	Melanargia galathea
Schwalbenschwanz	Paphio machaon
Segelfalter	Iphiclides podalirius
Tagpfauenauge	Aglais io
Taubenschwanz-Schwärmer	Macroglossum stellatarum
Totenkopf-Schwärmer	Acherontia atropos
Waldvogel, Brauner	Aphantopus hyperantus
Weinschwärmer, Mittlerer	Deilephila elpenor
Widderchen, Hornklee-	Zygaena lonicerae
Wasserlinsenzünsler	Cataclysta lemmata
Wiesenvögelchen, Kleines	Coenonympha pamphilus
Zitronenfalter	Gonepteryx rhamni

Der Braune Waldvogel

Fotoverzeichnis © Heike Haas

<u>Titelbild:</u> Der Segelfalter

Gedichtformen
(kursiv = Gedichtbeispiele aus dem Buch)

I. ohne Reim:
Verse sind unabhängig vom Reim
Tagpfauenauge, Seite 23

II. mit Reim:
Unterscheidung nach **Versmaßen:**

1. **Trochäus**: Betonung liegt auf der 1. Silbe;
   abwechselnd 1 Hebung, 1 Senkung
   Der Wasserlinsenzünsler, Seite 39

2. **Jambus**: Betonung liegt auf der 2. Silbe;
   abwechselnd 1 Hebung, 1 Senkung
   Der Apollofalter, Seite 62

3. **Anapäst**: Betonung auf der 1. Silbe;
   abwechselnd 1 Hebung, 2 Senkungen
   Abenddämmerung, Seite 53

4. **Dactylus**: Betonung auf der 2. Silbe;
   abwechselnd 1 Hebung, 2 Senkungen
   Der Mondvogel, Seite 24/25

III. Elfchen:

besteht aus 11 Wörtern, in der Folge der
fünf Zeilen sind es 1, 2, 3, 4, 1 Wörter

Für die Falter, Seite 36

IV. Haiku:

besteht aus 17 Silben, in der Folge der
drei Reihen sind es 5, 7, 5 Silben;

Welch' Süße erfüllt, Seite 32

Der Braunkolbige Dickkopffalter

Kapitel-/Titelverzeichnis

4. Schmetterlinge an Ufern, in Wiesen und Gärten

5. Schmetterlinge an den Berghängen von Rhein und Mosel

6. Schmetterlinge zu den Jahreszeiten

Alphabetisches Titelverzeichnis